NATIONAL GEOGRAPHIC

D0503621

Our World Is Big

Liam Collins

A town is **big**.

Lift the flap.

A hill is **big**.

Lift the flap.

A lake is **big**.

Lift the flap.

Our world is **big**.